요절시인 시전집 시리즈 제6권

꽃의 민주주의

송 유 하 시집

— 이승하 · 우대식 편 —

새미

이 시집을 내면서

 이 땅에는 이른 나이에 세상을 떴다는 이유로 문학사의 뒤안길로 사라진 시인들이 있다. 한때 '천재'라고까지 일컬어지며 시를 썼지만 이들은 불치의 병으로, 불의의 사고로, 혹은 생활고를 비관하여 음독자살로 생을 서둘러 마감했다. 뛰어난 시를 썼음에도 불구하고 이들 시인 모두 요절했다는 이유로 '묻혀버린 시인', '잊혀진 시인'이 되고 만 것은 참으로 안타까운 일이다. 우리가 이 전집을 기획하면서 세운 기준은 다음 세 가지이다.

 요절한 시인 가운데 시인으로서의 역량이 출중하여, 잊혀졌다는 사실이 안타까운 시인만을 대상으로 한다.
 시집을 손쉽게 구할 수 있는 시인은 대상에서 제외한다.
 가능한 한 유가족에게 연락을 하여 그간 시집에조차 실리지 못한 작품도 수록, 완벽한 전집이 되게 한다.

일찍 세상을 떴다는 것만 해도 억울한 일일 터인데 이들 시인은 지금껏 문단의 조명을 받은 바 없다. 학계의 연구 대상이 된 적도 거의 없으며, 독자의 사랑을 받은 적도 없다. 지인들의 회고담은 남아 있지만 석·박사 논문의 대상이 된 시인도 이중에는 거의 없다. 살아가기가 팍팍했던 시절에 일찍 세상을 등진 이들을 위해 초혼제를 올리는 심정으로 시전집을 낸다.

　시인의 유시집과 유고를 수소문하여 찾아내고, 유가족을 만나고, 주변 친구와 친지들을 만나는 과정에서 만난 많은 분들에게 머리 숙여 감사드린다. 문학사와 문단사를 온전히 기술하기 위해 빠져서는 안 될 시인만을 엄선했다고 우리는 자부한다. 우리 문학사의 뒤안길로 사라진 이들 시인을 제자리로 돌려세우는 우리의 노력은 앞으로도 계속될 것이다.

송유하 시인의 유고시집은 시인이 타계한 지 10년 뒤인 1993년에 대전의 문경출판사에서 나왔다. 대전이 낳은 시인이어서 문경출판사가 의욕을 갖고 '한밭시인선'의 열두 권째 시집으로 발간했지만 이미 오래 전에 절판되었다. 이를 안타깝게 여겨 요절시인 시전집 시리즈의 제6권으로 새롭게 발간한다. 시인은 슬하에 1남 2녀를 두었는데 이번에 시집을 새로 만들면서 이분들께 연락이 닿지 않았다. 시집에 관한 사항은 계씨 송영숙 시인과 상의하였다. 고인의 명복을 빌면서 이 시집을 영전에 올린다.

이승하·우대식

차 례

제1부 주발

주발	… 15
시간의 향기	… 17
시간의 틈	… 19
소외	… 21
발사	… 23
아미도 娥眉圖	… 25
미라	… 27
깃발	… 30
무한연가	… 33
기도	… 34
화음보 花音譜	… 36
노래를 위하여	… 38
제야	… 40

제2부 | 가을에 피는 작은 꽃

비 속에서	···	43
광화문 소요逍遙	···	46
백포白布 산자락을 접어서	···	49
소묘	···	52
인형	···	54
나의 사건	···	56
여름 약초	···	58
가을에 피는 작은 꽃	···	61
그렇다면, 또한 고오타마여	···	62
풀이슬과 햇빛	···	66
교외에서	···	68
벼랑에 핀 꽃이슬의 행진	···	70
인사人事	···	73

제3부 │ 아침 소묘

아침 소묘	⋯	77
설야	⋯	79
눈물꽃	⋯	85
나·꽃나무·바람	⋯	86
새	⋯	88
청동의 불·5	⋯	90
낙하	⋯	92
눈썹을 위한	⋯	94
풀잎 단장	⋯	97
암사동시岩寺洞詩·넷	⋯	98
암사동시·여덟	⋯	100
암사동시·아홉	⋯	101

제4부 | 꽃의 민주주의

소리	··· 105
휴일	··· 107
아침 노래	··· 110
창 이야기	··· 112
네 꿈의 그늘	··· 114
소리와 껍데기	··· 115
산책에서	··· 117
일기	··· 118
꽃의 민주주의	··· 119
상위	··· 121
유년	··· 122
요즈음의 꿈	··· 123
홍등	··· 124
얽히면 풀기 어려워라	··· 126

詩, 破天荒 · 2   ··· 127
부처님께 한 말씀……   ··· 128
화상火傷   ··· 130

해 설

| 피지 않는 이월의 꽃을 향한 행진—송유하론/우대식   / 135

연 보   / 153
참고서지   / 154

1부

주발

주발

 나의 주발에는 하늘을 담자. 하늘같이 어진 은혜를 담자. 나의 주발에는 기린같이 목을 늘이고 서서 산을 바라보는, 산을 바라보며 언제나 착한 아들이 되나 착한 아들이 되나 하고 염려하는 눈빛을 담자.

 어르고 달래서 보다 의젓하고 튼튼한 재목을 만들자고 사시사철 모진 시련을 가해 오는 눈보라나 비바람 같은 늘 찢겨 푸른 구름 사이의 하늘 같은 것들로 도타운 씨앗이 자라고, 가없는 바다 어느 구비진 물목에서 노도에 쫓기는 두려움만큼은 가난한 생활을 용하게 끌어올려 주시는 어머니의 까실까실한 입술을 담자. 효성이 모자라서 심장은 대견하니까 따뜻한 품자리에 묻힌 혈온, 저녁마다 등잔 아래에서 떡을 빚고 손가락이 굽도록 떡을 빚고 날만 새면 시장으로 나가 어린것들을 길러주시는 어머니의 그윽한 눈길을 담자.

 '언제 커서 아들 노릇을 하나, 어느 세월에 자식 덕 보며 살게 되나' 어머니는 잠시라도 푸념인가 애정인가 바다같

송유하

이 엄숙하게 계절이 나의 안에서 나를 키우고.

 그윽한 눈길에 비치는 것, 날마다 새벽마다 맑은 물 떠놓고 아들을 빌어주시는 그윽한 눈길에 비치는 것. 그것은 달처럼 무거운 피로이실까, 별같이 숱하게 쪼개져 달아나는 먼 기억 속에서 저미어 오는 아픔일까.

 나의 주발에는 언제나 간절한 숨이 배어 있고, 너무 값지고 무거운 사랑이 담겨 나와서 목을 메이게 하는 혈연의 소용돌이 속에 가없이 울고플리야, 울어서 노을처럼 타오르는 숲이 되고플리야.

시간의 향기

돌담 트인 뒤뜰
햇빛은 인세나 눈바닥 하나
자갈 사이로 은모래
은모래 사이 햇빛 한 카락
햇빛 한 카락 미역처럼 하느적이는
춘삼월 오후 2시쯤
신검초 한 잎 두 잎 유리칼로 썰어놓고
엄마 아빠 꿈에 해도海盜할 때
물여울 그리매 사이로 모래무지도
신예新銳를 뽐내었을라

송이송이 눈꽃 쏟아지던 겨울 가고 청제비 햇살
물어 오는 봄이었느니
짧아라, 어둠과 빛이 꼬리를 물고
숨바꼭질하는 사이
3월 가고
4월 가고
5월 가고

그 시절 가고 오는 시간

시간의 틈

잠시 일손을 놓고
담배를 꺼내 입에 문다. 한 모금,
문득 '시간'이란 낱말 속에서
머리도 꼬리도 없이 엇갈리는 빛살 토막들은 무엇인가
……이것저것 두서없는 생각,
아득한 평안에 등을 붙이고 앉았다가
시간이란 무서워라!
낯선 관계들이 뒷덜미를 조인다.
흠칫 어깨를 움츠리고 창밖을 본다.

유리창 한 장의 하늘……
일상을 벗어던진 삶의 자유여, 고향이여
까마득히 잊고 있었던 소망—바다로 가고 싶다던
유리창 속에 갇혀 있는 하늘과 새,
새와 꽃, 꽃과 바람이
무슨 관계로 서로 만나고 헤어지는가
헤어지고 만나는 기막힌 인연은 무엇인가
유리창 속의

푸른 하늘에 감전하는 나비!
말과 고독, 음악 ─ 나는 아무 말도 할 수 없어라
사랑 또는 믿음, 또는 진실
푸른 칼날의 아픔을 차단하라
한 접시의 보석!
한 스푼의 고독!

소외

몇 사람의 손이 바람을 앓고 있다
몇 사람의 눈이 빛깔을 빼앗긴다
몇 사람의 꿈은 소리로부터 잊혀진다
아무리 능란한 말의 술사術師라도
하늘에서 내려오는 투망,
하늘의 정원에서 내리쏟는 꽃빛 푸른
바람 속에서는
일절一切히 미완성이다

몇 사람이 벙어리가 되어 쓰러진다
몇 사람은 눈이 멀거나 귀먹을 수밖에 없다
그러나 안팎에서 일어나는
불춤을
나는 항의할 것이다
심금의 한 음가音價가 이끄는 꿈은
바람에 감춰져 있고
그넷줄을 타고 날아오르는 나비 떼,
꽃숨으로 닦은 아가의 뺨이

송 유 하

유리조각을 태우고 있다
서울이 조금씩 붕괴하고 있다.

발사

한 마디의 말씀이
혀끝에 모여 흔들리는
겨울,

살내음이 넘쳐
눈보라 속에 섰다.

바람 한 카락의
불길을 휘감는 치열한 나뭇가지.
오랑캐꽃을 안고
부풀다가
또는, 흔들리면서 피어나는 연기.

거울 속에서
살 비춰 황홀한 경악에 손금을 떨며
너의 소중한 눈물을 캐어내면
파랗게 추운 하늘
교외를 탐닉하는 탁목啄木새

산탄총을 겨눈 채
눈뻘에 뿌려놓은 꽃잎을
밟는다.
과육을 덜어내는 짐승과, 언제인가
마주친 일이다.

제 살을 뜯어먹는 꽃의 야성
한 폭의 수묵 속에 가득히 차는
탁목새.

아미도娥眉圖

눈 내리는 밤
화로에 핀 동신이 거울같이,
빛살 박히는 담 벽에
가득 차는 기운을
새떼가 재잘거리는 하늘에
이겨붙인 나의 봄맞이―

주춧돌 밑에서
개미들의 한 떼가
움직이는 것을
구경하다가,
정오를 느끼어주는
뺨에게
어떻게 고마움을 이야기할까?

소원처럼 높은 탑에 오르자
넋은 영락하고
바람이 없어 졸린 풍경 속에

송유하

고독한 승리의 패자가 싫다.

산의 모습이 가깝게 보이는 날,
무지개는 해 돋는 위치로
있고
사람의 마음도 똑같이 예뻐서
친구들을 찾을 때.

미라

"……………………"
"그럴 것이다."
"……………………"
"너무 차다고? 뭐, 뭐라고? ………너무, ………뜨겁다고?"
"……………………"
"감각세포가 분열한 탓이겠지."
"……………………"
"기다려!"

     序

태양이 녹아내린다. 지루하다. 수직운동으로 변조하였다.
아주까리 열매에서는 대륙의 건조한 열도가 곤란하다. 안 된다.

흑인 노예의 눈이 야자를 담고 한 뼘 남짓한 하늘에서
종일 말이 없으므로 나는 겁이 나서 집으로 뛰어들었다.

내실에서는 긴급회의가 소집되었다는데, 무엇 때문일까.
가죽포대에 입을 챙겨가지고 각처에서 모여들고 있다.

　눈을 뜬 채 졸고 있는 스핑크스를 난자하다가
백열의 명령은 예각을 잡고 애를 쓴다.

　교교한 낙숫물의 울림, 암벽을 타고 넘어오는 찬바람,
태양은 혈통이 없다. 태양은 날개가 없다. 태양은 종교가
없다.

　낙타를 몰고 가던 대상들이 유령처럼 처연히 서서 움직이는
나는 발가락이 간지러워서 키들키들 웃고 있었다.

　<피리조각이 묻힌 신전 부근에는 해골이 떼지어 돌아다닌다.>
　－전설－

핏기 가신 혈관을 다스리는 미라의 복식 진공실과 직통한 나이 전화기에는

잘못 죽은 여인의 눈빛을 앞세우고 파란 육성이 파문한다.

깃발

1
미움이 없는 살과 마음으로
나무라십니까?

2
어머니, 날씨가 다시 추워졌습니다.
(동생들을 사랑해주십시오. 나에게 베풀어주시던 손으로……)
　－조금만 참아주십시오.

며칠 동안은 아이들을 가르치는 것이나
기거하는 것이 퍽 서투르고 어색하였습니다.

날이 갈수록 정이 들고
친해져서
나돌고 싶던 마음도 사그라지고……

하늘은 얼마나 맑은 아침입니까?

주름 사이로
해가 떠오릅니다.

높은 식탁을 받더라도
서투르고
자연스럽지 못한 생활에 비하면
어머니 앞에서
따뜻한 구들을 찾아다니며
책을 읽고
글을 쓰던 때가 얼마나 행복한 시절이었겠습니까?

하지만,
지금 이 괴로움이 기려울 날도
있을 거래요.

창 밖은 녹다 남은 눈이 찬데
지심을 딛고 솟아오르는
새 싹[芽]들의 입김.

3
아이들이 꾀를 부리면
그들이 얼마나 철부지인가 하고
탄식하는 버릇을 배웠습니다만,

나는 그 아이들보다 얼마나 부족한 인간인가 하는 것은
알지 못하였습니다.

4
어머니! 고통을 주십시오.
가장 불행한 생활을 나에게 주십시오.

무한연가

나의 발바닥 밑에서
머리 끝까지,
맑은 태양이 흐르는 우주 너머에까지
너는 산다.
살아서 빛난다.

이 아침, 너의 밝음 속에
서면
무리지어 오는 얼, 얼, 얼…… 황홀한 기폭이여.

말없이 흘러드는 균열!

너의 눈빛, 나의 바다가 다시 말려서
하늘에 나부끼는가.

송 유 하

기도

나에게 벽을 쌓아올릴
땅이 있다면.
높다랗게 문 잠글 계곡이 있다면.
수목이 물을 빨아올리듯 하늘을 적실
흙이 있다면.
돌아와 보듬어줄 손이 있다면.

산 위에 서면
가슴에 안겨드는 세계가 한꺼번에 나의 고향,
모로 불어오는 바람을 막고 서서
금관악기를 장악하였다.
광활한 초록의 눈이 나의 뜻이다.

날개를 부딪칠 벽이 있다면.
벽을 쌓아올릴 땅이 있다면.
나의 얼이 영글어진 고향이 가까이 있다면.
바람이 있다면. 아,

생명을 받으려는 돌멩이가 있다면.

우로雨露에 시달리며, 그러나 지열地熱을 다스리니 있다면.

함묵含默으로 탑이 있다면.

화음보花音譜

이랑에
살 내음이
익은
가로수 길.

그리매를
밟아
다 못 머문 산협,
아슬한 빛깔.
깊은 샘
떠
황홀하게 맑은 구름
흐르는
여울.

휘어감은 눈빛은
엉긴 듯
풀려오는 몸짓 하나에

깃들었을레.
눈, 비 다스리며
원광에 비취었을레.
눈시울 가장자리에
머물다,
날개가 돋혀
창틈을 더듬어 오르면
꽃술이
떨고,
숨 죽여
겨운
사랑이 아파라.

밝아오는 법열의
언저리에서
귀가 먹어, 종소리.
소리.

노래를 위하여

 오는가, 비가. 먼지 소복이 덮어쓴, 흙마당 한구석에서 먼지 소복이 덮어쓴 피곤한 그루터기에.

 시원한 바람 앞세우고, 푸른 하늘 높은 하늘을 골고루 살고, 흰 구름은 세상천지의 모두를 보고, 마파람에 둥실 떠올라 하늘에 살고.

 이 세상, 어느 구석에서나 나의 착한 어린이들은 노래를 배우고 은구슬 영롱, 은구슬 영롱히 유리창을 때리는, 창문으로 밀려오는 푸른 구름, 시원한 바람.

 큰 하늘 날다가. 얼마나 큰 사랑을 얻었기에 피곤한 나뭇잎과 먼지 나는 넓은 마당에 나리고.

 비가 줄곧 내리는 정 깊은 골목길을 걸어가자. 기폭을 펴며 맑은 눈빛은 유리창을 때리는가.

 종이배를 접어 연못에 띄우고 동그라미를 그린다. 동그

깃들었을레.
눈, 비 디스리며
원광에 비취었을레.
눈시울 가장자리에
머물다,
날개가 돋혀
창틈을 더듬어 오르면
꽃술이
떨고,
숨 죽여
겨운
사랑이 아파라.

밝아오는 법열의
언저리에서
귀가 먹어, 종소리.
소리.

노래를 위하여

　오는가, 비가. 먼지 소복이 덮어쓴, 흙마당 한구석에서 먼지 소복이 덮어쓴 피곤한 그루터기에.

　시원한 바람 앞세우고, 푸른 하늘 높은 하늘을 골고루 살고, 흰 구름은 세상천지의 모두를 보고, 마파람에 둥실 떠올라 하늘에 살고.

　이 세상, 어느 구석에서나 나의 착한 어린이들은 노래를 배우고 은구슬 영롱, 은구슬 영롱히 유리창을 때리는, 창문으로 밀려오는 푸른 구름, 시원한 바람.

　큰 하늘 날다가. 얼마나 큰 사랑을 얻었기에 피곤한 나뭇잎과 먼지 나는 넓은 마당에 나리고.

　비가 줄곧 내리는 정 깊은 골목길을 걸어가자. 기폭을 펴며 맑은 눈빛은 유리창을 때리는가.

　종이배를 접어 연못에 띄우고 동그라미를 그린다. 동그

라미 속으로, 가득 애정이 담긴 동그라미 속으로 종이배는 기침없이 저어 나가고, 나는 물가에 서서 손뼉을 친다. 영롱한 눈썹은 구슬 속에서 부서진다.

  녹색 장갑을 끼고 오는가. 저 넓은 하늘의 푸름을 모두 살고, 네 마음 속살같이 무지개처럼 아리땁고 상냥한 비야. 나의 배는 한없는 애정의 표시, 가볍게 흔들리며 저어 나간다.

제야

이 희한한 원광圓光은
손수건을 흔들며 오는 밤
의,
지그시 감은 창문이 숱하게 보아 둔
물상들로
황홀하는 새 역사歷史.

돛단배와
연鳶과
편지와
음률과
생활이 있는,
생활이 있는.

2부

가을에 피는
작은 꽃

비 속에서

바람이
흐를 때
빗물도 후줄근히 내 얼굴에
뿌려
고여 놓은 술잔이
맑다.

못내 옆으로 걸으며
찬비 몰아치는 언덕을 오르고야
말지 않겠느냐고
술을 퍼먹는
나는 생성을 몰라서 웃음인가,
기침을 한다.

수천의 태양이
묻힌
땅에
찬비를 몰아오는 바람은 얼음 박힌 푸나무,

그 검은 가지들의 끝에 떠도는 휘파람 소리.

어둡고 치운 판잣집
창문 밑에서
매운 찌개를 끓이면
꽃물이 오른다.
애정도, 투쟁도 비 속에서
술잔이 되고
안주가 되고
담배가 되고
나는 아직 젊으니까, 슬기가 있으니까,
믿으니까
산다.

재티, 이미
붉은 혀끝에서 술이 되어
혈관을 흐르는 것은
재티가 아니다.

나는 꽃을 피우지 못하더라도
있는 것이다.
두부도, 김치도, 연기도
생명을 받아서
빛나는 꽃으로 살아 올 것이다.
꽃샘 잎샘의 바람이 분다.
기울어진 문틈으로.

광화문 소요逍遙

몸 부비는 일광日光을
무심히
잃어버리며, 서고 가고 하는
네거리에서
멈춰
흐느적거리는 척추를 비끌어매는데
푸득푸득 날아가는 새들은
내 머리 위로 이제는 가련하지도 않는
여름.

무엇이건
보고 싶고
무료한,
이 견딜 수 없는 충전充電의 나뭇가지가
내려갈기는 마개를
품고
기침을 참는 정오正午.

광화문은

번하한

길

외로운 내 병중病症을 알아낼 이 있을까

보고 싶어

한 시간 건널목 이켠에 서서

사람 구경을 하다가

돌아서면

나는 이중의

삐걱거리는 차바퀴의 떨음 소리를 들으며

무구한 마음을 나누어 심고 싶은

한 줌 흙에

빗방울처럼 문란하게 쏟아지는

더위를

견딜 수 없다.

핏발 돋친 눈을 뜨고

하나는 싱그러이 나부끼는

차디찬 보석,

먹물 번지듯 깔아 눕는 아스팔트를 가로질러서

인도하는 눈짓처럼

나무 밑에서 이런 때 폭양暴陽은

편리하여

이야기를 하려고

찾아다니는 얼굴.

백포白布 산자락을 접어서

그래, 목련꽃답다.
백포 산자락을
접어서
파고드는 내 가슴의 목련꽃답다.

잎처럼 진하게 피어서
아직 물을 먹는,
뿌리도 눈이 다 틔어 있지 않고
세상 사람이 저들끼리
손을 잡는 날
넌 목련꽃답다.

춤을 추려거든 그중 널따란 벌판에서
칼춤을 추고
부끄럼 많은 꿈이었어도
이냥 웃어버려
휘어오는 마른 가지를 바람이 감겨진 다음은
금琴줄 밀리듯

되짚어 울어.

나의 육성을,
다시 얼마나 빛나는 물빛
치마를
떨쳐입고
이른 산보로에
나섰는가.

아지랑이를 밀며
김 맨 보리밭 골을 걸으면
내 가슴을
잡아 흔드는 바다.

석간수石間水에 스며 오는
밀감 내음,
백포 산자락을
접어서

파고드는 내 가슴의 목련꽃
답다.

소묘

흐리고 자욱한 나무를 흔들며
쏟아지는.

쏟아지면
여울을 몰아
서럽고 억울한 영혼을
주는.

안에는 쌓여 있는
실처럼
얽힌 것을 뽑아내는.

능금처럼 오히려
벗겨본 일이 없는
아름답고도
소중한 밤에
다 못 태운 불꽃처럼
목덜미로 모여드는.

뚫려나간 창 넓이를 억울해하며
음익을
갖고 싶어
몸 부비는 파초의 잎을
두드리는.

인형

수정 옷고름을
매고
눈으로 교환하는 인사를,
산길에서 꺾어온 보랏빛
국화처럼
빌고
늘 일렁거리는 어깨를 보듬어 안는
바람.

웃고 있을 때,
흘러가는
단풍을 바라보면서
태어난 곳의
자취를 찾아 떠난다.

빈손으로
우러러
메마른 나뭇가지 검고 빛나는

창 속의 푸른
창.
얽혀 일렁거리는
나무.

앞에 서서
잃어버린 식욕의
학鶴,
하얀 날개에 나부끼는
목소리를.

눈의 푸른 심지는
그 바람 속에 있고
바람은
웃고 말하지 않는
국화의
창 속에 있다.

나의 사건

봄에,
익은 눈빛의 큰 덩어리를 밀어올리고
땅빛이 물드는 귀로에 플라타너스는
늘어선다.
그 핏줄처럼 진록의 풀밭으로 깔리고
휘몰아치는 탑塔 속에
일어나 노을로 트인 은린銀鱗.
철교를 달리며 오존의 검은 심장이
파열하는 낮으로부터
살갗에 부딪는 바람은 강물 위로 건듯 지나가는
태양을 받아
되쏘는 플라타너스 잎을 잊지 못하는 때문인가.
나부끼는 머리칼을 모르는 체 놓아두고
뻗쳐오르는 순금의 현弦을 엿들어도
용서한다.
압살할 듯 나무의 밝은 해일海溢과
덩어리로 빛나는 가슴의 가장 딱딱한 벤치에서
자라나는 쿠데타의 자음子音이 어울어져

타는
궁신躬身을 무느리며 박멸할 것이다.
그 잎이 계집이라면 엄마라고 부를까.
입김으로 춤추는 푸른 나무.
정원에 선
푯대처럼, 그늘을 더 깊숙이 드리워도 좋다.
기둥의 가열苛烈한 일광이 역진逆進하는 언덕에서
샘물을 이끌고
다리를 구르며 간다.
오존의 검은 생명이 천, 만으로 불어나는 플라타너스 잎을
좋아하는 때문인가,
익은 눈빛의 덩어리를 밀어올리고 봄에,
플라타너스 잎으로 쏟아진다.

여름 약초

울안의 늘푸른 나무
먼데 붉은 산 바위 옆 붉은 소나무
끈적거리고 냄새나는
땀을 흘리며
나무는 까맣게 서서 움쩍 않노니.
짙푸르게
타는
풀밭은
썩는
몸뚱어리를 버티고 서서
숨을 몰아붙이는
엽맥葉脈.

무수한 파장을 보내며
새들도
금빛 전선 위에서 죽어 떨어지고
산허리 구름바다에
또 한 번

뜨거운 입김을 뿜어 내리느니
덥고
무료한 여름은 숨이 막힐 것인가.
시골이라면
따가운 매미 소리를 들으며
물속에 잠길 테지만
기적도 아득히 귓전을 때리며 스쳐가고 말면
톱니바퀴가 맞물려 돌아가는
팔월의 찻길 위로
나는 무료히 팔을 벌리고 서서
온몸을 떨며
부글부글 썩는 수렁엣
지렁이, 쉬파리, 옴지락벌레들도
온몸을 불태우며
새파란 불티를 뿜고 늘어서면
태양이
그 빛나는 해골로 축복하노니
살붙이는 썩어서 떨어지기 마련이고

숨을 몰아쉴 적마다
밀려갔다 밀려오는
구릿빛
채찍.

크레파스를 이겨 붙인 내 얼굴에
악담을 퍼부으며 플라타너스는
꿈쩍 않노니
살을 맞대고 드러누운 여름 정물은 찬란하다.

가을에 피는 작은 꽃

눈이 멀었습니다. 공주.
넘치는 것 그대로 긴직하고 사파르게
뚫려나가는 단춧구멍 속에서 이를 닦으며,
눈 못 뜨고 더듬어 왔습니다.
바다가 하얀 아가리를 벌리고 달려들어
몇 날 밤 병실 근처를 비쳐주는 별빛처럼
앓고 있었습니다.
그립고 착한 눈을 돌려드리고 싶어도
나는
손가락을 앗겨 당신의 음성을 들을 수도 없으려니와
그 눈은 뇌 속에서
이마를 가르고 삐져나와 허공을 떠돌고 있습니다.
나를 놓아주시면 당신의 눈을 잡아다가
드리겠습니다.

그렇다면, 또한 고오타마여

그렇다면, 또한 고오타마여
추운 바다의 마루 끝에 서서
도끼를 치켜들고
이빨을 들어 웃는다.
바람의 흰 뼈를 부러뜨린다.
가볍게 찍혀나가는 귀뿌리
못난 수도승의 고행은
무슨 잎그늘을 풀어내는가.
지탱하는가, 한쪽 귀퉁이가 떨어져나간 바다.
바람 속에는
새로 지은 배 바람 속에는
아침이
출렁거리고
내 두뇌의 푸른 가지 사이로
몰려드는 꽃
8만 4천 마리의 개가 날아다니는
추운 골목의 어둠에
무디게, 무디게 도끼는 분노한다.

몇 개의 예감을 물레에 걸고
바다는
마루 끝에서 불덩이를 쏟다.
아직 어둑어둑한 아침 골목에선
아이들의 귀부리가 바람을 파묻는다.
죽은 산山을 뽑아 던진다.
비롯하지 않고 바람은 간다.
배는 그늘을 버린다.
빈 벌판을 쿵쿵 울리며 뛰어가는 바람소리
허망한 손잡이를 비틀며
시한時限의 날 위에 서서
쪼아내는 한 송이의 언어
살 속으로 흐르는 뜨거운 대협곡에서
양¥은
잎그늘에 놓인 초록 바다를 썰고
그렇다면, 또한 고오타마여
내 옆에 가까이 출렁거리는 손발은 무엇인가.
털끝에 새 아침을 걸어놓고

어깨 위에는
차곡차곡 접혀 내리는 하늘
문득 예감에 눈떠 휘파람을 날린다.
손바닥에 긋고 가는
날개의 춤을 본다, 눈을 비빈다.
맑은 기름을 머리에 붓고
서서히 미끄러져 들어가는 배
VO—
VO—
바다의 처녀림을 뚫고 간다.
바람을 끊어낸다.
내 손에 놓여
자체自體의 꿈을 부풀린다.
바람을 풀어헤치는 배여
날림공사를 일삼는,
하루 종일 꿈꾸지 않고
사랑의 일도 하지 못하는 손을
바다의 가장 푸른 목장에 집어넣어라.

나는 채석장에서 바위를 찍어내고
한 조각씩 무너지는 귀
내 사랑은 푸른 전신前信을 이끌고 떠오른다.
추운 바다의 마루 끝에서

풀이슬과 햇빛

눈썹 끝에서 부서지는
햇빛을 누가 보았을까요?
풀빛 바람이 시냇물을 흔들면
맑은 물소리,
아기의 노래는 풀빛 물결을 일으키네
고사리 손에 쥐어진
햇빛을 누가 보았을까요?
이른 새벽 시골에서
고삐 늘인 엄마 소가
눈망울 크게 굴리며
이슬 젖은 목소리로 골짜기를
메아리치면
아기의 예쁜 발꿈치가
솔잎 사이로 뛰어다니네요.
파란 불꽃이 이글거리는 여름철,
시냇가에는 토끼풀이
벙싯벙싯 눈을 빛낼 때
커다랗게 부풀던 풍선만 한

꽃이슬을,
햇빛을 누가 보았을까요!

교외에서

상강霜降으로 트인 과果밭
칼과 연기가 쌓인 지름 길에서
산미酸味를 씹고 있을 것이다.
어느 노숙에선가,
하얗게 밤을 새우던
과일 속살에 탕탕 두들겨 찍은 소인의 가량價量.
약속뿐인 수첩 속 갈피에
별떨기를 비벼 넣으며
목욕을 하고 있을까.
흰 손가락에 밴 과일의
촉감을 길어 올린다.
벼랑에 선 꽃의 톱니 사이
소슬한 그림자의 나의 춤,
알곤 등불이 깜박거리는 수렁을 건너
아편鴉片을 씹다가
파다하게 빗나가는 이빨.
풀빛이 밴 다리를 끌며 날아오는
풀벌레들의 나욧한 복부를 핥는다.

밑바닥에 쌓인 식욕食慾을 닦으며
유리조각에 파묻혀 산화散華하는
너는, 부드러운 머리카락을 날린다.

벼랑에 핀 꽃이슬의 행진

서울에서 부산까지 탄탄하게 뻗어나간 육로 428km
산과 들을 적시는 푸른 강물이 비늘을 날리기 시작할 때
우리들의 젊은 세대는 일출을 설계하고 있었다.
힘차고 부지런한 손, 맑은 시력으로 더욱 총명하게
피어오르는 산등성이
흰 베옷자락을 펄럭이는 사방의 고향,
오래 잊고 캐어내지 못했던 꿈과 슬기가 꿈틀거린다.
유리를 닦으면, 질주해나가는 풍경 속에서
청운의 선비 유현수柳賢洙와
착하게 나풀거리던 능수의 옛사랑이
녹수에 비쳐 흐느적대고
지금 기름진 들판을 달려 둘만의 눈빛이 어울리게
부실 청년과 숙이가 뛰놀고 있다.
삽상한 바람과 밝은 달무리가 다시 그리운
선先영을 만나야겠다.
손잡이를 비틀면 현대를 열어제치는 하이웨이
길 없던 이 나라의 오솔길, 징검다리는

수채水彩 속으로 뛰어간다.
1960년 2월 1일 첫 삽과 스위치를 넣은 후 2년 5개월
계곡 뚫고, 벼랑에 핀 꽃이슬의 풋풋한 향기를 꺾어
탄탄하게 뻗어나간 민족 의지 대동맥은 뛴다.
아침이 오기 전에 일출을 떠받치고 오는
77명의 아까운 희생이
시속 126㎞의 고속을 펼쳐나간다.
22.4㎞, 상행과 하행이 어깨를 부비는 4차선상에서
18개의 인터체인지를 달려 나가는 GNP 46%와 공산품 61%,
촌농村農과 대도大都와 부관釜關의 새롭고 힘찬 사상이여
제3한강교를 출발하여 단숨에 낙동대교 806m,
570m로 이어지는 당재 터널을 빠져나오면
남해의 푸른 파도 위에 오륙도 늠실거리고
영원한 번영에의 뿌리털이 물을 마신다.
어둡고 긴 유사遺史를 벗고 일출 앞으로 뛰어가는 이 슬기
로움,

탄탄한 젖줄을 날린다.
젊은 세대의 꿈과 현실을 펼쳐나간다.

인사人事

암코양이님, 암코양이님 콧수염은 곧뻗쳐 빛이 납니다.

아침부터
철썩이는 바다의 팔방에서
문을 열고
들여다보시는 바
이 몸은
털 빠진 쥐꼬리만큼도 식욕이 비호할 이치가 없고
불결하게 굴러다니는
등신等神.

혓바닥을 삼킨
이래
나의 밤낮은 작은 북처럼 잽싸게 헐려나가는
중도中途이오며
그 빛살의 한 오락을
축재蓄財하는
인간입니다.

춤과 노래로
아름다운 밤을 조립하고
돌아나가는
층계마다 간을 내어 말리는
토씨兎氏 가족의
권세 좋은 맏아들,
채광彩光하는
털.

그렇습니다. 암코양이님, 예쁜 황후님
아침부터
술이 고픈 나는
악기가
속살처럼 잘 상하는
별궁에서
당신의 부드러운 발톱 가까이를 배회하며
황홀을 읽깨웁니다.

3부

아침 소묘

아침 소묘

그 고운 바람의 채찍에
잠겨 있을 때
여자는 허리를 꺾어
흰 눈의 이마에 키스를 퍼붓고 있었지.
잎사귀로 꿈을 따 먹는 강어귀에서
수선화를 꺾어 모을 때
바람은 계곡으로 넘실거린다.
어깨 위에 빛나는 말씀,
빛을 조금씩 덜어내는 실내에
나방이로 화신化身해 오는 꽃.
밀어붙이는 에테르의 강한 잠언을 꺾어
햇살처럼 살풀이를 하며 태어났지.
젖 부푼 조국의 기로에 울을 친다.
햇살 다발이 잘 드는 방
음률의 고운 허리를 드러내놓고
그리워하는,
손길에 묻혀 깨어나는 아침
밥상에 놓여 응시하는 강물, 계곡.

장력의 고운 선을 밟으며
씨앗 뿌려 기르고
한 자락을 뽑아 가슴에 댄다.
부끄러움을 숨 쉬는 소리 벅차
성문에 올라 호명한다.
계곡을 향하여 눈뜨는 아침
미루나무가 탐탐히 그 고운 회초리를
겨누어 오는 창에
여자가 준 이름을 새긴다.
아가들의 눈썹이 쏟아지는 창 옆에
의자를 놓아 자음의 강한 향기를 수집케 해다오.
수선화를 꺾으며 하늘처럼 팔 벌려
강변에 쓰러진 어깨를 안아주었지.
흰 눈의 이마에 키스하고 돌아서서
수병水甁에 서린 이슬방울 닦아내었지.
밖에서 일렁이는 갈대밭의
꽃기운에 쌓인다.

설야雪夜

1
그대의 흰 손가락을 스치고 간
겨울밤은 잔인했었다.
벽을 메운 체경體鏡 속에서
어머니는 레이스가 많이 달린 야회복 차림으로
나타나
투정 많은 아들의 머리를
쓰다듬어 주었지.
눈보라처럼 휘몰아치는 젖가슴의
살빛이 눈부셨지.

2
어둠 속에서 날아오르는 목마
목마가 떠난 밤, 나는 부두에서
뱃전에 철썩이는 태평양을 탐내었다.
바다 가운데 떠 있는 배와
아내와 자식들 사이에,
한 필부인 양 꾸미고 서서

불빛 찬란한 군선軍船들의 환호성을 듣고 있었지.
어렴풋이 쓰러시고 있었다.

황제의 군대는 강한 얼굴로
이국의 사내들을 쳐죽이고
그들의 아내와 누이를 탈취하며
알몸까지 바친 성녀聖女들을 밟아 뭉개고
곱고 질긴 눈썹을 뽑아
낄낄거리는 소리를 웃고 있었지.

3
나는 엄마의 피가 묻은
칼을 성경처럼 지니고
전쟁놀이를 하며 자랐지.
성 밑에 모여
모닥불을 태우며 금과 은으로
문지를 소녀의 뜨거운 입술을
찾는 일이었지,

눈처럼 희고 슬픈
소녀의 깊은 병을 찾아
성내로 진격하던 그때 일이
눈부셨지.
거리를 쓸어가는 눈보라 속에서
우리는 저마다 황제임을 자처하며
진군해 들어가곤 하더니,
겨울밤은 유리창을 가득 채우는 별밭
오솔길 끝에서
즐겨 입으시던 야회복도 벗어던지고
너울너울 춤추는 어머니,
투구에 끓여 부은 이국 소녀의 눈알을
달게 마시며 나는
정복의 살을 비비네.
파도처럼 산화하는 겨울 뜨락의
흰 눈송이,
눈처럼 고결하고 아름다운
소녀가 뜨겁게 떠오르네.

4
성 밑 마을에 살던
선善이 영英이는 남의 아내가 되어
밤바다를 뒤덮으며 돌아오는 군선들의
환성 같은 모닥불을 활활 지피고 있었다.
두둥 두둥 두둥
재승戰勝의 북을 울리며 부두로 다가오는 배
가슴을 울리는 북소리
남편들의 환호성.

원정의 희열과 정안대 쪽에서
희고 쓸쓸한 소녀가 끌려나와
무릎을 꿇었다.

병사들은 배를 타고
고국을 등진 채 슬픈 고동을 울리며
부두를 떠났다.
황제만이 밤바람의 쓸쓸한 눈보라 속을

응시하고 있었다.
까맣게 넘실거리는 누 한 바다의
폭설에 머리칼을 날리며
그리운 소녀가 춤을 추듯 다가와
뜨거운 입술을 삼켰다.

황제여, 나의 아내와 고향을 돌려다오.

병사들은 섬처럼 바다 위에 떠서
여염집 창의 불빛에 밝혀 빛나며
밤새 울고 있었다.

5
지난날 성으로 진군해 들어가던
사내들의 선두에 서서 칼을 휘두르던
그는,
소리 없이 내리는 설편雪片 속에 팔을 벌린 채
쓰디쓴 내란의 기억을 한 장씩

넘겨보았다.
눈보라가 들이치는 현관에서
끄덕끄덕 떠나고 있는 목마도 타지 않고
탁자 위에 세워놓은 기병騎兵과 수병水兵들도
눈을 부릅뜬 채 움직이지 않는다.

마음이 가난한 사람들은
기침으로 잠을 이루지 못하고
충혈된 동공을 곤두세우며 휘청거린다.

아, 칠흑의 어둠 속에 떠나지 않는
그대의 흰 그림자

황제는 옥좌에 높이 앉아
시민들의 발밑에 묻힌 보리씨 한 톨이
싹트기를 기다린다.

눈물꽃

햇빛 한 올만 와서 닿아도
소스라치는 꽃잎

바람 한 카락만 와서 닿아도
소스라치는 내음

마음 한 자락만 와서 닿아도
소스라치는 눈물

햇빛과 바람과 마음의
정수精髓만을 뽑아 엮어서
한 채의 집을 지으니

사랑은 눈물조차 향기로운
꽃잎이었어라

나·꽃나무·바람

1
나는 꽃나무.
언제 피며, 무슨 색으로 머물며,
어떻게 지며, 얼마나 망설이며 살아야 하는지…….

나는 동상凍傷에 걸린 꽃나무.
가지 끝에서 미소가 떠난다.
가지 끝에서 바람이 모인다.

나는 생각하며 사는 꽃나무.
더 아프게, 더 뜨겁게, 더 예쁘게, 더 착하게,
더 고웁게……
나의 꽃나무는 그렇게 빛나는 꿈을 키운다.

꽃이 지는 것은 씨앗을 탐하는 마음
나는 낙화의 그늘에서 씨앗으로 머문다.
꽃나무는 바람에 흔들린다.
나는 가난한 꽃나무.

2
어느 날
길가에 떨어뜨린 씨앗이 자라서
나의 것이 되었다.
까만 상처에 새 살이 차오르고.

—나는 마주 본다.
—나는 부끄럽다.
—나는 달아난다.

나는 행복한 꽃나무.
즐거운 시간을 목에 감고, 입을 다물고
속으로만 웃는다.

새

세상 어디에나 보석이 있다.
　보석이 꽃을 베고,
　꽃이 사랑을 베고,
　사랑이 꿈을 벤다
새에게는
말해질 수 없는 꿈이 있다
불타는 사랑을 나눌 수 있는가
어떻게, 나눠지지 않는 시간을 나누고 맬 수 있는가
새는 보석이 있다
노래야, 슬프고도 고운 노래야 가려서 부를 수 있다
한 가닥 현絃으로 떠날 수 있다
탯줄 끝에 못 박힌 어느 천지에서도
퉁기면 날아갈 현絃 끝의 새여
말과 고독, 음악…… 나는 아무 말도 할 수 없어라
사랑과 진실, 믿음 따위의
푸른 칼날의 아픔을 차단하라
한 접시의 보석!
한 스푼의 고독!

세상 어디에나 배가 있다
배가 을 것이다, 안개 속에서
한낱 떠도는 음부音符로서 춤추어라
그의 뜻, 그의 손가락 끝 닿으면 춤이 되는
새!
하지만, 나눠지지 않는 시간 속에서
보석을 캘 수 없어라
침묵하는 말, 깊고 빛나는 상처의
사랑이여 사랑이여
변화무쌍한 현絃,
현을 떠난 새여,

청동의 불 · 5

빈 장구

떠나리라, 아름다운 자
소맷자락으로 하늘을 가려도
언덕엔 바람
슬픔으로 맺은 풀잎
눈뜨리라, 소리는 소리끼리
향내 어린 유리의 성을 쌓고
뜬눈으로 한 뼘
새벽이슬 흔들리는 파약破約 끝에서
터득하는 이 차단遮斷
투명히 꽃잎 쌓일 뿐
춤이여, 손 시린 포옹으로 불타는 어깨여

노래는 평행으로 사무친다
짧았던 사랑일랑 어깨에 둘러메고
떠나리라
떠나는 자, 떠나는 법, 아름다우니까

그러나 천지는 꽃피는 4월
서러워라 빈 찬구기
옥색 치마 끝에서 여울지고 있다.

낙하

꽃밭을 묶어.
아가의 그늘, 바람 이는
푸른 파스텔로
너를 묶어.
꽃처럼 왼나절을 웃었느냐
뜨거운 입김뿐
속에 고인 허물로써
천치의 하늘 빛나는 꿈을
열었느냐,
말씀으론 갚지 못하는
한낮 벼랑의
비수를 물고 떨어지는 새여
흰 그늘에 맺힌 물방울
환히 매듭진 손가락이
나를 흔들어
꽃처럼 왼나절을 웃었느냐
하늘을 묶어
빛살 한 올을 풀어내서

꽃밭을 묶어.

눈썹을 위한

크레파스로 칠한 서툰 그림에
아가의 속눈썹이 파묻힌다.
성에 낀 창으로 손가락을 펴는 것들의
솜털 사이
가벼히 떨리는 잎그늘.
생애에 무늬 박힌 하늘을 비춰
참 맑은 바람을 캐어낸다.
유치해 온 공복의 깊이를
맛볼 것이다,
살을 부비는 나의 수성獸性은.
유리병 속 출렁이는 암벽을 톺아
한 잎씩 비늘을 벗는다.
티끌을 몰아가는 바람일까.
너 선 밭에 기대고 싶어
풀빛을 넣어 짠 무늬로
꽃가루가 날리는 햇살 가장자리
톱날을 질러 다가오는 깃털.
아직 잠들어 있는 아가의

손가락을,

눈꽃이 나부껴 함뿍 놓는까,

갈피마다 번져 넘치는

탄생의 기미를 비끄러맨다.

나의 실혼失魂이 반짝이는 빛 속에

잠겨, 예쁜 숨결을 새근거리는

아가여.

휘몰아치는 바다를 개켜보렴.

눈썹을 치고 내려앉는 잎 하나가

탁목하듯, 빛나는 목관의 아침

눈꽃이 깔린 뜨락에서

나는 한기를 빨아들인다.

흰 빛으로 트이는 창유리

반조返照되어 오는 하늘의 먼지를 털며

섬교纖巧한 올을 꿰어

아가의 의상을 기워낼 뿐

크레파스를 뭉갠 서툰 그림에

피어나는 아침 눈썹은.

바람은 나를 안고 지나간다.

풀잎 단장

풀잎이 서 있네.
날개옷은 번쩌이네.
풀빛, 풀잎의 꿈을 부풀리네.
흰 손이 바위에 꽂혀
바람을 자르고 있네.
소녀가 옷을 벗네.
풀빛 꿈을 물들이는
바람,
하늘에 풀어 채색하네.
아지랑이가 뿜어낸 입김이네.
이슬 속으로 흐르는
꿈을
수실로 짜 올리네.
금빛 비늘을 털어내네.
풀잎이 하늘하늘
뜨거운 모래밭에서 쓰러지네.
향기로운 이별은
꽃잎을 여네.

암사동시岩寺洞詩 · 넷

불러보자, 만나서 귀 기울여보자
꽃의 푸르름이 누구 때문인가를.

찾아보자, 캐내서 만져보자
돌의 신비를 사모하는 이
칼과 도끼
부처란 부처를 돌로 깎아 세움이
무엇 때문인가를.

노래와
춤과
동화童話
아니 바람
아니
나비
지렁이.
보잘것없으나 한결같은 것들의
정의와 사랑이 몸 비비는 마을에서

밝혀보자,
펼쳐서
비추어보자
물의 깨끗함이 어떤 것인가를.

암사동시 · 여덟

웃고 있구나
꽃처럼 서서, 아가야
푸른 하늘옷
맑은 꽃내음
머리칼에 꽂혀 있구나
네 풋풋한 눈썹 끝에서
옹기 굽는 풀무 소리며
돌망치 돌도끼가 날아다니는
소리 들린다
따비로
바람 일구는 손이 보인다
옛 땅 한 뼘마다
선사의 햇살 눈부셔라

암사동시 · 아홉

눈이 오는구나, 아내여
아직도 신혼인 양
파란 시선 끝에서
사포紗布에 수놓듯
흰 무늬로 내리는구나

날품으로 버티고 사는
정직한 사내들의 기침 소리와
철모르는 것들의 재롱이
엉겅퀴처럼 얼크러지고
우리의 설움이 창호지에 파도칠 때에도
눈 오는 날, 사랑은 찬란해서
애달파라

떠난 자는 떠난 자리를 향해 쓰러지고
돌아누운 바람은 돌아와서 사무치는 것을

아내여, 두 뺨이 예쁘게 꽃핀 아가와 함께

눈사람을 만들자
정직한 사내들의 체온
억새풀 같은 여인들의 사랑을 비벼서
매서운 칼을 맞아도 울지 않는
눈사람을 만들자

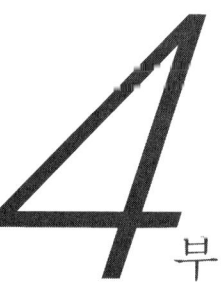

4부

꽃의
민주주의

소리

소리는 사파이어의 칼이다
우주의 새벽을 앞서기는 고독,
찬란한 아이디어를 자서
풀과 별빛의 꿈을 캐내던 덫이다, 폭력이다
이율배반의 꽃이다

살육의 아름다운 새벽 잠 속에서
뛰어다니는 북소리
소리 걷힌 맑은 소리 속에서
춤추듯 날아와 찰랑거리는
피리 소리
고독을 씻어내는 풀 소리, 염불 소리
풀잎 끝에 머물다 가는 바람 소리

고독을 버리는 것은
소리의 칼에 베이는 것
멈추어라, 캐낼 수 없는 소리만이 빛나는 음악이니까,
내 마음의 창고 속으로

쌓아올린 보석은
금계金界 색계色界의 칼에 잘리고
닫힌 창 닫힌 우주
어두운 층계를 내려가는 극소량의 꽃이여
소리는 행복을 창조하는 사파이어다

휴일

지금 불타는 비늘의 잠,
발단發端으로 나부끼는 잎줄기의 숲속에서 돌아와
손잡이를 비튼다
탐색의 손이 싹튼다
지느러미의 한쪽 끄트머리가
일으켜 놓은 뜨락,
뗏목을 타고 오는 이것은 무엇인가
투명하게 발목을 맞대는 물밭 이랑으로
하늘을 뿜어내는 비말飛沫일까
시야를 흔들며 샘물 빛나고
화강암을 깨뜨리는 맑은 풀냄새,
티끌이 쌓고 허무는
참 견고한 찰나를 비끄러맨다
몹시 맑아서 아지랑이를 풀어놓고
거품으로 닦아낸 발목,
사념을 핥으며
눈부시게 타는 살 그늘에 선다
바람일까,

송 유 하

바람을 빗질해 보낸 소년은
풀잎처럼 싹틀까
모퉁이로 스며들 때마다
빈 가지를 태우는 비늘,
눈침자分針子 씻어내며
비로소 눈뜨는 반역叛逆의 물결,
톱니바퀴에 묻어나는 하늘
휴일의 울타리 속에서
살 베어 달아나는 식물성의
나의 손은
흰 뿌리에 흙을 뿌린다
창을 겨누는 잎 그늘의
꿈과 벽면,
빛깔 그대로 불붙는 경금經金의 살을 태운다
예고 없는 인파에 뗏목은 출렁거리고
뜨락에 쌓여 얽히는 금박金泊의 햇빛
아름다운 하루는 창유리에 비쳐
숲으로 피어오르고

소년을 장악하는 지느러미여
그리움은 치러리 미획,
이마를 향해 쏟아지는 잎 그늘의
꿈과 벽면,
식물성의 나의 하루는 살 베어 달아나고
비로소 눈에 고이는 세계 때문에.

아침 노래

참 짧아서, 눈썹 같은 것이
샘물을 흔들듯이 고여 빛나며
깜박거리죠.
재밌고 아름다운 일이어요.

손톱에 밴 풀빛 속,
햇살이 아가들의 입술처럼
젖어
뾰족하게 잎을 틔워요.

시원히 밝아오는 벌판으로
홰를 치는 닭이여
꿈이 없으면 세상은 늪이지요.
그러나 욕심 부리지 않는 사람은 빠지지
않아요,
통과할 뿐.

풀잎이 뿜어내는 빛깔에 떠오를까

햇빛 끝에 묻은 꽃가루처럼 깨끗해요
싱그러움보다 혹시
무겁고
예민해요.

창유리에 얼굴을 파묻고
아침 가득히 반짝거리는 바람 속에 서있어요.

창 이야기

1
돌고래 떼가 헤엄쳐 온다.
돌고래 떼는 저들의 흐리멍덩한 눈을 버린다.
전생에 새긴 죄의 형상으로
내 방 창문 앞에서 지느러미를 터는
돌고래여.
창문을 여는 흰 손의 당신은 누굴까.
돌고래 떼의 굳고 미끄러운 잔등에 비스듬히 걸터앉아
제금提琴의 선율에 흔들리는 당신은 무엇일까.
찬바람이 커튼을 불어 올릴 때
나는 아열대의 밤 벌판을 건너
당신의 흰 손을 잡아당긴다.

2
창문을 여는 흰 손의 당신은 누굴까.
돌고래 떼의 굳고 미끄러운 잔등에 비스듬히 걸터앉아
제금의 선율에 흔들리는 당신은 무엇일까.
찬바람이 커튼을 불어 올릴 때

나는 아열대의 밤 벌판을 건너
당신의 흰 손을 집아당긴다.

네 꿈의 그늘

네 꿈의 그늘 속에
내 눈알 한 잎이 불타고 있다.
밍밍한 바람, 꽃물을 긷고
천 개의 손바닥으로 감춘 눈웃음
하늘로 뻗은 길목에서
아이들이 뛰놀고 있다.
한 잎의 눈알이 붙박여 타는 유리의 뒤
빈 벌판을 메운 손의 노동력은
음악이다.
물결로도
나의 발걸음을 앞서 가는 꿈이다.
네 꿈의 그늘에 지핀
내 눈알 한 잎의 불,
풀잎 끝에서 바람을 풀어 보낸다.
몇 조각의 유리가 반짝이는
아픈 전생도
씻어내는 이슬이다.

소리와 껍데기

풀이슬이 한데 모여
빛깔을 굴리네요
연못 속에 내린 꿈과 춤을 끊고,
또한 이으면서
소리를 만드네요.
바람과 만나네요.
색실로 수놓은 껍데기를
벗으며, 뛰어오르네요.
푸른 장미가 입김을 쏘네요.
솜꽃이 피었다 사라질 때마다
철책 두른 고궁에서는
소리가 제 홀로 쓰러져 눕고
내 혓바닥의 진홍빛 생명이 반짝거리네요.
흩날리네요, 아무도 얼어붙은
귀뿌리와 살결의 희디흰
석주石柱를 보지 못하네요.
하늘 높이 날아오르는
꿈의 수레를 잡지 않네요.

페이브먼트를 걷다가 달리다가
소리 속에서, 나는 나 홀로 쓰러져가고
잎, 잎의 유리에 물결치는 수천의
빛살.
풀어헤치네요, 엽록소를 터뜨리네요.
두 손을 바쳐 일하네요.
새털이 피어오르는 구름밭 이랑에서
무릎은 철책을 들어 올리네요.
뜨거운 뼈를 강물 속으로 잡아넣네요.
내 눈, 내 귀뿌리가 얼음 조각을 뚫고 나와
톱날을 닦네요.
바람이 불려드네요.

산책에서

플라스틱의 꽃과
꽃이 안고 있는 짧은 이별
신비의 그늘은 벽에
걸려 있다.
나는 아침마다 꿈을 키우고,
귀여운 개는 꿈을 먹는다.
북악산은 한 콤마다.
플라스틱의 꽃과 꽃이 알고 있는
나의 낱말은 물안개 속에서 피어오른다.
뿌리털은 잠 깨어 있다.
살 냄새가 묻은 플라스틱의 꽃
한 콤마다.

송 유 하

일기

아이스크림을 빨고 있어요
햇빛가루가 풀풀 날리는 탑 끝에서
일순一瞬의 보석이
실물 크기의 꿈과 이슬을 키우네요
투명하게 들여다보여요
새로움에 탐닉하는
한낮의 고요를 앓고 있어요
유년의 하늘이 불타네요
흰 그림자를 물고 오는
바람,
물방울 안 뜰에서
풀잎의 외정外廷이었어요.

꽃의 민주주의

어느 날 창 밖으로 한 줌의 빛을 던졌니?
친 줌의 빛이 피라미드처럼 시상을 향해 쏟아섰니?
가슴 속 파란 칼을 품었어도
한쪽에서 무너지는 견고한 쓰라림
빙폭氷瀑의 탄압을 견디다 견디다가
아! 소리치며 일어서는 것들
보이지 않고 들리지 않는 신비로운 약속에 의해
일제히 궐기하는 의지 하나로, 너는 꽃이다.
딱딱하게 얼어붙은 가지 끝에서
기지개처럼 피어나는 꿈, 차별 없는 비약이여
하늘에 꽃, 들판에도 꽃, 꽃……
티 없는 아이들이 뛰어나와서 노래 노래 자지러지는
종로에서, 광화문에서, 온 천지 골짜기에서
햇살보다 먼저 핀 개나리야 진달래야
돌무덤 무덤째 무너져 내리는 산비탈 깎아지른 벼랑에서
터질 듯 안으로만 다스려 온 사랑을
이제는 못 참겠다.
목이 터지도록 외치면서 지축을 뚫고 나오는 새싹아

송유하

눈부시구나, 이 힘찬 행진!

시간을 다오, 누가 나에게 시간을 주겠는가?
생각해봐야겠다, 생각 없이 어떻게 알아내겠는가?
절망과 설움, 단단한 폐문 위로 쏟아지는 파도야
발밑에서 소곤거리는 찬란한 꽃의 민주주의야
불을 지른다, 꽃은,
개나리 노란 꽃은 천지에 쏟아지는 햇살을 불 지르고
진달래 분홍 꽃은 첫사랑 수줍은 가슴을 태우고
벚꽃, 목련꽃, 안개꽃들 창호지빛 하얀 창을 밝힌다
파란 꽃은 파란 꿈꾸고 파란 춤추어라
빨간 꽃은 빨간 꿈꾸고 빨간 춤추어라
참는 자, 순종하는 꽃의 아름다운 보람은 무엇인가
꽃피는 4월, 민주주의, 슬기로워라!

상위

사내가 손을 흔든다.
꽃송이처럼 입을 벌리고 서다.
저 고요한 음악의
바다로
손을 흔들어 보낸다.
죄 짓는 일처럼 아름다운
미소와 눈물.
사내가 선 높은 성 안을
참, 산책할 수 없는 일.
허물어진 벽의 돌무덤에 무겁게 짓눌린
말씀을
타고났나 보다.
벌레 한 마리가 성벽을 기어오른다.
천 편의 꿈의 빛깔이 엇갈렸다.

유년

내려오라,
내려오라,
차디찬 돌을 밟고 내려오라.
삐걱거리는 골절의 나의 사랑과
서투르게 기어다니는
말이
혀끝에서 잠들면
꽃잎끼리 서로 얽혀 빚어내는
소프라노.

요즈음의 꿈

믿을 수 없구나
죽은 나무 둘레에서 아롱대는
봄 아지랑이를,
빨랫줄에 널린 바지를 걷어 입고
그 옆에 서있는 빛살 만나고
믿을 수 없구나
죽은 나무가 일어서서
눈썹으로만, 눈썹으로만 웃어 보이는
아지랑이를
홀린 듯 쫓아 헤매다가
바쁘지 않게,
머물지 않게,
가까이서 아득하구나
두 딸의 어머니가 되었다는 너한테서
물 흐르는 소리 들린다

홍등

우리들은 야수 앞에 서 있을지 모른다.
우리들은 지금 날카로운 이빨 사이에 박혀 있을지 모른다.
무엇이, 왜 무서운지 모른다.

천치의 유리창에 피어오르는 버섯.
—환상의 바다에서 산다.

물방울 속에 눈썹을 잠그고
하얗게 쌓아올린 귀를 열면,
10억의 그물코에 얽히는 나의 신병身柄.

바닷가 사과밭에서
공원 벤치의 반딧불 밑에서
흰 손가락으로 띄워 올린 풍선,
한여름 밤 나의 동화童話여.

점, 또는 선으로

연기에 파묻혀 흔들리는
킬닐.
그대는 빛나는 야수다.

얽히면 풀기 어려워라

얽히면 풀기 어려워라
자갈은 모래를 치고
모래는 자갈을 치는 이 아름다운 반역의
물비늘 천지를 날 때
버들개지 뿌리째 파헤쳐놓고서야
삽을 버리는 봄
위태로워라, 나날이 말라붙는
강바닥을 감당키 어려워도
순백의 투망 속에서
숨쉬기 시작하는 푸른 잎이여
햇빛과 햇빛이 얽히면
어찌 풀리
바람과 바람이, 물빛 치마의 여울이
얽히면
내 어찌 풀리

詩, 破天荒 · 2
— 施品

햇빛 한 올만 와서 닿아도
소스라치는 꽃잎
바람 한 카락만 와서 닿아도
소스라치는 내음
마음 한 자락만 와서 닿아도
소스라치는 눈물

햇빛과 바람과 마음의
정수精髓만을 뽑아 엮어서
한 채의 집을 지으니,
당신의 사랑은 눈물조차 향기로운
꽃잎이었으라

부처님께 한 말씀……

부처님,
금년 겨울은 우울합니다.

아침 햇살보다 환히
내 어린 딸년이 방긋거리는데,
엄동의 단간 셋방에서
유리창 어우러진 물이슬이
외계를 차단하고,
나는 자꾸 사방으로 흩어집니다
꿈의 나라 창 밖에는
순백의 꿈이 웬일로
하얗게 죽어 쓰러지고
오욕의 순간들이 휘날립니다
꽃씨만 한 꿈의 날개들
하얗게 쓰러진 시신 속에서
나비가 날아오릅니다
나비는 그들의 주검을 헤치며
싸늘하게, 싸늘하게 쏟아집니다

아침 노래 위로 파도치던
시혜와 슬기는!
아아, 아무 곳에도 쓸모가 없어지고
휴지조각만이 땅바닥에서 얼어붙고 있습니다
혹한의 투망 속에서 뛰어다니는
어지러운 오예汚穢를 씻어주십시오
칼 품은 자,
교활한 자,
나의 사랑은 거짓입니다. 부처님!

화상 火傷

그해 여름은 뜨거웠어요
좌청룡
우백호
도포자락……금박의 키스.

불길은 천지를 덮고
고향 하늘을 태우던 보리 냄새
철모와
군화
쓰러진 탱크……

야욕野慾의 피 묻은 입술, 놀라움 또는 눈부심!

포도鋪道에는 깃발처럼 쓰러진 치마,
사랑과 평화의 꿈속을 통과하여 질주하다가
곤두박질하는 태양,
거기 꽃댕기 하나 누워 있었잖니?

풍선을 타고 오는 가위 소리
짠까
짤깍
짤깍
잘려나가는 오색 바람개비
풍경 속에서
38도 부근에서 부러진 등뼈를 뛰어넘는
뼛조각 하나
허옇게 드러난 시가市街의
흙바람
이적異蹟의 도시는 폐허가 되고
수챗구멍에 처박힌 찢어진 신발,
폭격기……
따발총……
날개가 찢어진 나비
퍼득거리고,
결국 찢어진 유년의 꿈 좌청룡, 우백호,
―금박의 키스.

그해 여름은 뜨거웠어요.

해설

— 송유하론

피지 않는 이월의 꽃을 향한 행진
—송유하론

우 대 식
(시인)

그것은 달처럼 무거운 피로이실까, 별같이 숱하게
쪼개져 달아나는 먼 기억 속에 저미어 오는 아픔일까.
―「주발」 부분

송유하 시인, 그는 이제 문단 일각에서 간간이 전설처럼 그 이름이 전해올 뿐 고향인 대전에서조차 그 이름을 기억하는 사람이 별로 없을 터이다. 죽음은 누구에게나 느닷없는 것이지만 송유하 시인의 죽음은 의문의 꼬리표를 단 채 그 비극의 정도를 더해준다. 불교적 세계관으로 가득 찼던 한 젊은 영혼의 부드러우면서도 강인한 내면은 어이없이 무너져내리고 말았다. 그의 나이로 본다면 요절임에 분명하다. 어느 날 김포의 외딴 논두렁에서 발견된 의문의 주검은 생의 부조리를 역력히 보여준다 할 것이다.

송유하 시인에 대한 기록은 거의 남아 있지 않다. 그의 몸에 밴 단독자 의식은 본인에게는 차갑고 냉정했지만 타인에게는 부끄러움과 내성적인 인간관계로 나타났기 때문이다. 그 때나 지금이나 문단을 '기웃거린다'는 말은 자의식이 살아 있는 문인들에게는 치욕적이었던 바, 불교학과를 나오고 금강경의 세계를 동경했던 그였기에 어떤 분파에도 속하지 않았다는 것은 어쩌면 당연한 일인지도 모른다. "어머니! 고통을 주십시오. 가장 불행한 생활을 나에게 주십시오."(「깃발」)라고 간절히 기구했듯이 그가 지향했던 삶은 불행의 정면을 뚫고 가는 개별자, 비유컨대 은산철벽을 향해 날아가는 나비와도 같았다 할 것이다.

송유하 시인은 1944년 4월 23일 대전 오정리에서 부 송인권과 모 한차희 사이의 5남매 가운데 장남으로 태어났다. 오정리는 지금의 한남대 주변으로, 그 때만 해도 전통적인 생활 방식이 고스란히 남아 있었으며, 주변은 은진 송씨의 집성촌이기도 하였다. 가정에 그리 성실하지 못했던 아버지를 대신한 사려 깊은 장남의 행동양식은 무겁고도 둔중했을 터, 침묵으로 일관했던 그의 내면은 화염이 타오르는 아수라의 그것이었을지도 모른다.

그는 보문고등학교 시절부터 '소년 시인'이었다. 불교적 이념을 바탕으로 설립된 이 학교에서 그는 자신이 지향해야 될 종교적 이념을 만났다고 해도 과언이 아닐 것이다. 그에게 모순된 세계를 이해하는 절대적인 렌즈가 불교적 세계관이었다고 할 수 있다. 동국대 주최 고교 백일장에서 송유하 시인이 장원을 했던 일화는 그 때 참여했던 사람들에게는 전설처럼 남아 있다. 당시 은사였던 최원규 시인에 의하면 동국대 본관 건물에 그날 시제가 적힌 대형 광목이 풀어져 내려왔고 시제는 '주발'이었다고 한다. 산만한 이미지들을 짜맞추기 십상인 오늘날 고교 백일장 작품과 송유하의 시는 그 수준이 달랐다.

　　나의 주발에는 하늘을 담자. 하늘같이 어진 은혜를 담자. 나의 주발에는 기린같이 목을 늘이고 서서 산을 바라보는, 산을 바라보며 언제나 착한 아들이 되나 하고 염려하는 눈빛을 담자.

　　어르고 달래서 보다 의젓하고 튼튼한 재목을 만들자고 사시사철 모진 시련을 가해 오는 눈보라나 비바람 같은 늘 찢겨 푸른 구름 사이의 하늘 같은 것들로 도타운 씨앗이 자라고, 가없는 바다 어느 구비진 물목에서 노도에 쫓기는 두려움만큼은 가난한 생활을 용하게 끌어올려 주시는 어머니의 까실까실한 입술을 담자. 효성이 모자라서 심장은 대견하니까 따뜻한 품자리에 묻힌 혈온, 저녁마다 등잔 아래에서 떡을 빚고 손가락이 굽도록 떡을 빚고 날만 새면 시장으로 나가 어린것들을 길러주시는 어머니의 그윽한 눈길을 담자.

　'언제 커서 아들 노릇을 하나, 어느 세월에 자식 덕 보며 살게 되나' 어머니는 잠시라도 푸념인가 애정인가 바다같이 엄숙하게 계절이 나의 안에서 나를 키우고.

   그윽한 눈길에 비치는 것, 날마다 새벽마다 맑은 물 떠놓고 아들을 빌어주시는 그윽한 눈길에 비치는 것. 그것은 달처럼 무거운 피로이실까, 별같이 숱하게 쪼개져 달아나는 먼 기억 속에서 저미어 오는 아픔일까.

   나의 주발에는 언제나 간절한 숨이 배어 있고, 너무 값지고 무거운 사랑이 담겨 나와서 목을 메이게 하는 혈연의 소용돌이 속에 가없이 울고플리야, 울어서 노을처럼 타오르는 숲이 되고플리야.

-「주발」 전문

   그는 놋쇠 주발에 '하늘', '하늘같이 어진 은혜'로 표상되는 어머니의 눈빛을 담고자 했다. 자식을 위해 자신의 모든 것을 투신하던 전통적인 어머니의 삶에 대한 경외의 눈빛이 이 시에는 담겨 있다. 그에게 어머니는 모든 형태의 가난과 두려움으로부터 그를 지켜주며, 피의 온기를 느끼게 해주는 관음보살의 현신이었다. 그의 가족은 가난했다. 그러한 가운데 "노도에 쫓기는 두려움만큼은 가난한 생활을 용이하게 끌어올려 주시는 어머니", "저녁마다 등잔 아래에서 떡을 빚고 손가락이 굽도록 떡을 빚고 날만 새면 시장으로 나가 어린 것들을 길러주시는 어머니"에 대한 형상은 그의 삶에 뚜렷한 지표로 작용한다. 그의 짧은 생에 오롯이 새겨진 윤리적 절제나 도덕적 생의 가치도 어머니에 대한 경외의 마음에서 작용했을 것이다. 주발에서 그는 '혈연의 소용돌이'로 상징되는 몇 겹을 넘어온 인연의 온기를 느꼈다. 주발에 담긴 '혈연의 소용돌이' 속에서 그는 끝도 없이 울고 싶어 했고, 울다가 타오르는 숲이 되고자 했다. 소년 시인 송유하의 이 작품은 고등학생들이 가지기 쉬운 상투적인 표현 방식과는 너무 먼 거리에 놓여져 있다. 이 시는 물론 당시 백일장에서 장원으로 뽑혔다. 심사평에서 서정주 시인은 고등학생 백일장에서 이토록 뛰어난 시를 뽑아보기는 처음이었노라고 말했을 정도로 그의 문재는 빛났다. 촌에서 올라온 천재 시인이라는 극찬을 받으며 그는 문학의 세계로 더욱 침윤되어 갔다.

 이 소식은 중앙일간지에서 다룰 정도로 화제가 되었으며 얼마 후 이 대학 불교학과에 입학하여 그 인연을 이어간다. 국문학과로 진학하지 않고 불교학을 택한 그의 속사정을 분명히 알 길은 없을 터이지만 그의 내면에 타오르던 한 줄기 빛과도 같은 생의 진리를 찾고자 하는 몸부림이 그 이유라고 추측해볼 수 있다. 동국대에 입학한 후 그는 얼마 전 백일장에서 극찬을 아끼지 않았던 서정주 시인을 찾아가지는 않았다. 만약 찾아갔다면 미당의 살가운 손길을 받았을 것이고 등단을 주선했을 것이지만 자립심과 겸손이 몸에 밴 그는 단독자의 길을 택한다. 타인의 눈으로 본다면 그의 삶은 단순

하고 일목요연하게 설명되어질 것이지만 겉으로 드러난 외형은 그의 내면에서 솟아난 빙산의 일각임을 그의 시는 잘 보여준다.

>그렇다면, 또한 고오타마여
>추운 바다의 마루 끝에 서서
>도끼를 치켜들고
>이빨을 들어 웃는다.
>바람의 흰 뼈를 부러뜨린다.
>가볍게 찍혀나가는 귀뿌리
>못난 수도승의 고행은
>부슨 잎그늘을 풀어내는가.
>지탱하는가, 한쪽 귀퉁이가 떨어져나간 바다.
>바람 속에는
>새로 지은 배 바람 속에는
>아침이
>출렁거리고
>내 두뇌의 푸른 가지 사이로
>몰려드는 꽃
>　　　　　　　　-「그렇다면, 또한 고오타마여」부분

 마치 붓다의 제자들이 존재론적 질문을 고오타마, 즉 붓다에게 던지는 듯한 방식을 이 시의 제목은 취하고 있다. 그러나 시 전체의 구성 방식은 복잡한 자신의 내면적 갈등을 치열한 시 정신으로 풀어내고 있다. '도끼', '이빨', '바람의 흰뼈'는 모두 그의 내면을 투과한 바다의 풍광이다. 겨울바다에서 불어오는 바람과 파도 앞에 선 자신의 모습을 그는 "못난 수도승"으로 표현하고 있다. "찍혀나가는 귀뿌리"와 "한쪽 귀퉁이가 떨어져나간 바다"는 못난 수도승으로서 그의 상실의식을 단적으로 보여준다. 그는 자신이 선 절체절명의 상황 속에서 새로운 생명에의 의지를 지니고 있었다. 그는 "추운 바다의 마루끝에서" 다시 묻는다. "그렇다면 고오타마여/ 내 옆에 가까이 출렁거리는 손 발은 무엇인가"(「그렇다면, 또한 고오타마여」 부분). 이 손 발은 그에게 새로운 생명에의 창조 혹은 창조적 의지였다 할 것이다. 어두운 상황 속에서도 그는 자신의 사랑과 생명을 어루만졌다. 하여 "사랑의 일도 하지 못하는 손을/ 바다의 가장 푸른 목장에 집어 넣어라"(「그렇다면, 또한 고오타마여」 부분)고 절규한다. 이 절규는 그의 시가 지닌 에토스적 갈등을 잘 보여준다. 자신의 내면에 타오르는 불꽃을 바라보며 스스로에게 윤리적 결단을 촉구하는 모습이야말로 그의 시 전체를 아우르는 시적 모티브가 될 터이다.

  1970년 송유하 시인은 대학을 졸업한다. 그는 졸업 후 잡지사 이외에는 어떤 직장도 다녀본 적이 없다. 대학을 졸업한 그 다음해에 그는 『월간문학』 제1회 신인상에 당선되어 문단에 정식으로 이름을 올리게 된다. 대학을 졸업하고 잡지사 『학원』에서 기자 생활을 시작한다. 『학원』에 함께 근무

하던 지인들은 그를 무골호인으로 기억하고 있었다.『학원』은 당시 직원을 뽑을 때 공채가 아니라 이 잡지에 여러 번 기고를 했던 문인을 대상으로 선발하였다고 한다. 잡지의 특성상 고교 시절부터 문재를 날리던 허다한 인사들이 관여되어 있었음은 말할 나위가 없다. 송유하 시인의 경우 고교 재학 시절부터 여러 번『학원』에 글이 실렸고 더욱이 기성문인으로 등단했던 탓에 어렵지 않게 이 잡지사에 터를 잡았던 것으로 보인다.

당시 학원사는 지금의 강북 삼성병원(옛날의 고려병원) 근처에 위치해 있었는데 영천으로 내려오면 유명한 막걸리집이 있었다고 한다. 그는 그 곳에서 밤늦도록 술을 마셨던 일이 잦았다고 한다.『학원』은 잡지의 특성상 일선 학교를 찾아다니는 경우가 많았는데 간혹 학교로부터 기사를 부탁받으며 약간의 거마비를 받았을 때 송유하 시인은 어찌할 줄 몰라 했다고 한다. 아마도 그날 밤 막걸리 집에서 거마비를 탕진했음이 분명했다. 그의 시 저변에 깔린 어둠은 그의 허무의식에서 기인한다 할 수 있다.

> 몇 사람의 손이 바람을 앓고 있다
> 몇 사람의 눈이 빛깔을 빼앗긴다
> 몇 사람의 꿈은 소리로부터 잊혀진다
> 아무리 능란한 말의 술사라도
> 하늘에서 내려오는 투망,

하늘의 정원에서 내리쏟는 꽃빛 푸른
바람 속에서는
일절一切히 미완성이다

─「소외」부분

"일절히 미완성"이라는 경외의 눈빛 속에 송유하 시인의 허무를 본다. 우주의 비의에 대한 경외에서 빚어지는 양가의 감정, 즉 놀람과 두려움은 한편으로는 인간의 사유를 소위 불가지론으로 이끌어 허무의 뿌리와 만나게 한다. "앓고 있다", "빼앗긴다", "잊혀진다"와 같은 서술은 "하늘에서 내려오는 투망"으로 상징되는 대자연의 서사 앞에서 인간 행위의 무의미함을 고스란히 담아내고 있다. 그가 지향했던 광대무변한 불교의 세계 속에서 그가 자유로웠다고 생각하지 않는다. 세간과 출세간의 접점에서 그는 늘 자신의 상처를 확인했다. 생의 환희와 생의 어둠이 모두 그 접점에 있었던 것이다. 그가 맞닥트린 불교적 허무는 퍼낼 수 없는 깊은 바다와 같아서 쉽사리 절망의 모습으로 시의 표면에 드러나지 않는다.

아침부터
철썩이는 바다의 팔방에서
문을 열고
들여다보시는 바
이 몸은

털 빠진 쥐꼬리만큼도 식욕이 비호할 이치가 없고
불결하게 굴러다니는
등신等神.

－「인사」부분

"바다의 팔방"은 그가 인식한 세계의 전형적인 모습이다. 너무나 오묘하고 깊은 팔방의 우주 앞에서 그는 스스로 '등신'이라 자처했다. "불결하게 굴러다니는" 자신의 모습을 확인한다는 것은 하나의 자기 결단이며 동시에 괴로움이기도 했을 터이다. 그가 그토록 꽃이라는 사물에 집착했던 연유도 이 부분에서 찾을 수 있다. 소멸과 생성의 혼돈과 질서가 그에게 꽃이라는 피상의 관념으로 깊게 각인되어 있다는 것은 분명하다. 그것은 그의 시에 등장하는 꽃이 시적 소재나 대상이 아니라 그의 관념에 내면화된 인식의 총화라는 것을 뜻한다.

나는 꽃나무.
언제 피며, 무슨 색으로 머물며,
어떻게 지며, 얼마나 망설이며 살아야 하는지…….

나는 동상凍傷에 걸린 꽃나무.
가지 끝에서 미소가 떠난다.
가지 끝에서 바람이 모인다.
나는 생각하며 사는 꽃나무.

더 아프게, 더 뜨겁게, 더 예쁘게, 더 착하게,
더 고웁게······
나의 꽃나무는 그렇게 빛나는 꿈을 키운다.

꽃이 지는 것은 씨앗을 탐하는 마음
나는 낙화의 그늘에서 씨앗으로 머문다.
꽃나무는 바람에 흔들린다.
나는 가난한 꽃나무.
　　　　　　　　　　　　－「나・꽃나무・바람」 부분

　'나・꽃나무・바람'은 서로 다른 그 무엇이 아니라 존재의 유기적인 구조물이다. 그는 자신에 대한 존재성의 탐구를 꽃을 빌어 드러낸다. 꽃나무에 대한 형상은 두 가지이다. 하나는 자신이 스스로를 진단한 꽃나무이고, 다른 하나는 자신이 지향하는 꽃나무이다. 전자가 "동상에 걸린 꽃나무"라면 후자는 "생각하며 사는 꽃나무"이다. 전자가 소멸이라면 후자는 생성의 의미를 지닌다. 생의 유한성과 그것을 넘어서고자 하는 정신의 갈등 속에서 그는 스스로 "가난한 꽃나무"라고 표현하고 있다. 소멸과 생성의 존재론적 갈등이야말로 생각하는 인간에게 주어진 운명이라 할 수 있다. 그것은 바로 "바람에 흔들"리는 존재를 의미하는 것이기도 하다. 그러한 점에서 유고 시집의 제목이 '꽃의 民主主義'라는 것은 결코 우연이 아니다. 이 시집은 그가 타계한 지 햇수로 십일 년 만에 간행되었지만 시집 제목은 그 스스로가 정해놓았다. 그는 타계하기 몇 달 전 시집을 발행하기 위해 최원규 시인에게 해설을 부탁해놓았다고 했다. 그 때 이미 그가 정해놓은 제목이 바로 '꽃의 民主主義'이다. 1971년에 등단해서 1982년경에 첫 시집을 준비한 셈이니 상당히 늦은 셈이다. 1993년에 이 유고시집은 송유하 시인의 동생인 송영숙 시인에 의해 세상에 빛을 본다.

 동생 송영숙 시인에 의하면 오빠인 그는 동생에게 현실 너머 다른 세계에 대한 동경을 꿈꾸게 해주었다고 한다. 또한 어머니께는 언제나 순종하는 착한 아들이었다고 증언하고 있다. 한학자였던 외할아버지의 가르침으로 송유하 시인의 모친께서도 글을 배우고 글씨를 익혀 사대부 집안의 가풍을 이끌었다고 하였다. 방학이 되어 내려온 아들을 일찍 깨워 정종을 데워 한 잔 마시게 한 후 오정리 은진 송씨 집성촌을 돌아다니며 어른들께 인사를 시켰다고 한다. 어른들께서는 송유하 시인을 극진하게 대해주었고 그런 아들을 어머니는 자랑스러워 하였던 것이다.

 일찍이 홍희표 시인이 지적했듯이 송유하 시인의 시 근간에는 모성으로 회귀하고자 하는 강렬한 욕망이 내재해 있다. 그의 모친은 장남인 송유하 시인을 통해 생의 희망과 기쁨을 누렸다. 그의 부친은 함께 산 날이 거의 없을 정도로 집안을 보살피지 않았다. 집안에서 송유하 시인만이 독상을 받고 나머지 동생들과 어머니는 따로 밥을 먹었다. 그는 밥을 먹으면서 아버지의 권위를 스스로 체득했으며 어머니와는 서로

연민의 마음을 가지고 서로의 어둠을 지우려 노력했던 것이다. 어떤 면에서 그와 그의 모친은 침묵에 익숙한 인물형이었다. 말을 하지 않아도 기질적으로 체득된 윤리적 감각으로 서로의 삶을 이해하고 긍정했던 것이다. 이같은 사정은 다음과 같은 시가 잘 보여준다.

> 어머니, 날씨가 다시 추워졌습니다.
> (동생들을 사랑해주십시오. 나에게 베풀어주시던 손으로……)
> ㅡ조금만 참아주십시오.
>
> ㅡ「깃발」 부분

집을 떠난 그는 추운 겨울날 자연스레 고향집을 생각하며 어머니의 따뜻한 사랑을 떠올린다. 그리고 자신에게 베풀어주시던 사랑을 동생들에게도 베풀어 달라고 어머니께 부탁한다. "조금만 참아" 달라는 말 속에 어머니에 대한 간절한 마음이 담겨져 있다. 그의 어머니는 평생을 떡 장사와 과일 장사 그리고 하숙을 치며 자식들을 뒷바라지했다. 이 가난 속에서도 품격을 잃지 않으려는 어머니의 노력은 송유하 시인으로 하여금 침묵하고 내성적인 인간형이 되는 한 원인이 되었을 것이다. 그는 자신의 고통을 남에게 호소하거나 감정을 좀체 드러내지 않음으로써 자신의 위치에서 이탈하지 않았던 것이다. 그에게 친구가 별로 없었다는 것도 이를 반증

한다. 몇 안 되는 친구들이 집에 찾아와 어머니께 절을 하고 일어서다가 천정에 머리가 닿던 궁핍한 삶 속에서 말없이 학업에 임하고 시를 쓰던 그의 존재 자체가 가족들에게 큰 위안이 되었다.

  1973년 결혼 후 그의 가정은 매우 단란했던 것으로 알려져 있다. 같은 직장에 다니며 수필을 쓰던 유경순 여사와의 결혼은 가난하지만 생의 기쁨을 안겨다준 시기이기도 하다. 구체적으로 확인한 바 없지만 그들 내외는 서울 외곽인 암사동에 살았던 것 같다. 암사동 시편들은 삶에 대한 통찰을 바탕으로 서민들의 애환을 밀도 있게 그리고 있다.

    눈이 오는구나, 아내여
    아직도 신부인 양
    파란 시선 끝에서
    사포紗布에 수놓듯
    흰 무늬로 내리는구나

    날품으로 버티고 사는
    정직한 사내들의 기침 소리와
    철모르는 것들의 재롱이
    엉겅퀴처럼 얼크러지고
    우리의 설움이 창호지에 파도칠 때에도
    눈오는 날, 사랑은 찬란해서
    애달파라

떠난 자는 떠난 자리를 향해 쓰러지고
　　돌아누운 바람은 돌아와서 사무치는 것을

　　아내여, 두 뺨이 예쁘게 꽃핀 아가와 함께
　　눈사람을 만들자
　　정직한 사내들의 체온
　　억새풀 같은 여인들의 사랑을 비벼서
　　매서운 칼을 맞아도 울지 않는
　　눈사람을 만들자
　　　　　　　　　　　　　-「암사동시·아홉」전문

　이 시는 겨울날 눈 내리는 풍경을 배경으로 아내에게 말을 건네는 방식을 취한다. 정직한 사내와 철모르는 아이가 등장하고, 가난하지만 정직한 사내는 자신의 노동만이 유일한 삶의 수단임을 잘 알고 있다. 마치 타인의 이야기를 하고 있는 듯하지만 사실 자신의 이야기이며 더 나아가 가난한 이웃의 이야기라는 보편성을 함께 띠고 있다. "우리의 설움이 창호지에 파도칠 때"와 같은 시구는 '나'와 '그'라는 구별을 무화시키면서 생의 가난이 우리 모두의 것이라는 암시를 보여준다. 그들 위에 내리는 눈은 가난과 설움을 감싸고 적시는 따뜻한 물이다. "눈오는 날, 사랑은 찬란해서/ 애달파라"와 같은 역설은 그의 시가 원숙한 생의 경지를 노정하고 있음을 보여준다. 이 시기 그의 현실 인식은 따뜻하면서도 예리하다는 역설적 평가가 가능할 터이다. 이 시의 미덕은 가난을 미화시키거나 안일하게 바라보지 않는다는 데에 있다. '떠난 자'와 '돌아누운 바람' 역시 자신의 자리에서 '쓰러지고', '사무치는' 것이다. 그의 치열한 현실 인식은 마지막 연에서 최고의 아름다운 힘을 발휘하고 있다. "정직한 사내들의 체온"과 "억새풀 같은 여인들의 사랑"을 합하여 새로운 생명을 창조하고자 하는 욕망을 보여준다. "매서운 칼을 맞아도 울지 않는/ 눈사람"이야말로 궁극적으로 그가 생각하는 참된 생명의 실체였다. 타계하기 직전 송유하 시인에게는 두 딸과 막내아들이 있었다. 그 자식들이 "매서운 칼을 맞아도 울지 않는/ 눈사람"처럼 성장하기를 그는 바랐던 것이다.

> 보이지 않고 들리지 않는 신비로운 약속에 의해
> 일제히 궐기하는 의지 하나로, 너는 꽃이다.
> 딱딱하게 얼어붙은 가지 끝에서
> 기지개처럼 피어나는 꿈, 차별없는 비약이여
> ―「꽃의 민주주의」 부분

그가 갈구했던 불교의 세계관에 비추어 생각건대 그는 아마 식물성의 꽃이 되었을 것이다. 계절의 순환에 따라 피는 꽃도 그는 "신비로운 약속"으로 생각했다. 꽃의 의지는 세계를 상생으로 인도하는 매개물이며 심미의 안목을 개안시키는 사물이기도 하다. "차별없는 비약"이야말로 그가 그리던 세계의 한 모습이었으리라. 인간에 대한 따뜻한 애정을 지녔

으면서도 또한 이 세계를 초월하고자 하는 욕망이 그에게 있다는 점을 감안한다면 꽃이야말로 그의 인식을 대변하는 최초이자 최후의 사물이었을 터이다.

세상을 일찍 떠난 한 젊은 영혼의 시혼이 아직도 선명하게 몇 편의 시로 남아 있음을 본다. 멀리 보자면 죽음이란 누구에게나 공평한 것. 몇 편의 시로 남는다는 것은 위대한 일이기도 할 터이다. 이 한 권의 시집은 그 시혼에 바치는 한 잔의 제주祭酒 바로 그것이다.

연 보

1944년 4월 23일 대전 출생.
1964년 동국대학교 주최 고교백일장에서 시「주발」당선.
1965년 대전 보문고등학교 졸업.
1970년 동국대학교 불교학과 졸업.
1971년 『월간문학』 제1회 신인상 당선.
1971년~ 작고시까지
        월간 『학원』, 『대한불교』, 『주부생활』 편집부 기자,
        소년잡지 『어깨동무』 편집장.
1973년 유경순과 결혼하여 1남 2녀를 둠.
1982년 4월 10일 김포 들판에서 의문의 죽음.
1993년 유고시집 『꽃의 民主主義』(문경) 발간.

참고서지

우대식, 「니르바나를 향한 단독자의 길」, 『죽은 시인들의 사회』, 새움, 2006.
최원규, 「무량한 꽃빛의 금관악」, 『꽃의 民主主義』, 문경, 1993.
홍희표, 「꽃의 민주주의여」, 『현대시학』, 1989.9.
____, 「'주발'로 하늘을 담던 그 시인」, 『우리 시대의 요절 시인』, 삼인행, 1991.

요절시인 시전집 시리즈 제6권

꽃의 민주주의

―송유하 시집

초판 1쇄 인쇄일	2010년 12월 1일
초판 1쇄 발행일	2010년 12월 8일
지은이	이승하 · 우대식 편
펴낸이	정진이
총괄	박지연
편집 · 디자인	이솔잎 · 채지영
마케팅	정찬용
관리	한미애 · 김민주
인쇄처	월드문화사
펴낸곳	새미
	등록일 2005 13 14 제17-423호
	서울시 강동구 성내동 447-11 현영빌딩 2층
	Tel 442-4623 Fax 442-4625
	www.kookhak.co.kr
	kookhak2001@hanmail.net
ISBN	978-89-5628-546-7 *04080
	978-89-5628-281-7 *04080 (set)
가격	10,000원

* 저자와의 협의하에 인지는 생략합니다.
 새미는 **국학자료원**의 자회사입니다.
 잘못된 책은 구입하신 곳에서 교환하여 드립니다.